LOIS ANGLAISES

Des 9 août 1870, 6 juillet 1871 et 6 août 1872

MODIFIANT LA LÉGISLATION

DES

COMPAGNIES D'ASSURANCES

SUR LA VIE

PARIS

BLOT ET FILS AINÉ, IMPRIMEURS

7, RUE BLEUE, 7

—

1877

LOIS ANGLAISES

Des 9 août 1870, 6 juillet 1871 et 6 août 1872

MODIFIANT LA LÉGISLATION

DES

COMPAGNIES D'ASSURANCES

SUR LA VIE

PARIS

BLOT ET FILS AINÉ, IMPRIMEURS

7, RUE BLEUE, 7

1877

LOIS ANGLAISES

Des 9 août 1870, 4 juillet 1871 et 6 août 1872.

MODIFIANT LA LÉGISLATION

DES

COMPAGNIES D'ASSURANCES SUR LA VIE

Loi du 9 Août 1870.

Sa très-excellente Majesté la Reine, avec et suivant l'avis et le consentement des lords spirituels et temporels et des communes réunis dans le présent Parlement, et par l'autorité desdits, a ordonné ce qui suit :

Titre de la Loi.

1. Cette loi portera le titre de « Loi de 1870, concernant les Compagnies d'assurances sur la vie. »

Interprétation des Termes.

2. Dans cette loi, le mot *Company* (compagnie) signifie toute personne ou toutes personnes, formant ou non une société n'étant pas enregistrée sous le régime des lois concernant les sociétés de secours mutuels, qui émet ou qui émettent des polices d'assurances sur la vie humaine dans l'étendue du Royaume-Uni, qui prend ou qui prennent des engagements dans ces polices ou qui constitue ou constituent des rentes viagères sur la vie humaine dans l'étendue dudit royaume.

Le mot « *chairman* » désigne la personne qui préside, dans le moment, le bureau ou le conseil d'administration de la Compagnie ;

Les mots « *policy holder* » désignent celui qui est actuellement le porteur légal d'une police garantissant une assurance sur la vie, une dotation, une annuité ou toute autre convention de la Compagnie.

Les mots « *financial year* » (année financière), désignent chaque période de douze mois à l'expiration de laquelle la balance des comptes de la Compagnie est arrêtée, ou si une telle balance n'est pas faite, chaque période de douze mois finissant au 31 décembre.

Le mot « *court* » signifie, quand il s'agit d'une Compagnie enregistrée ou ayant son siège principal en Angleterre, la Haute cour de Chancellerie; quand il s'agit d'une Compagnie enregistrée ou ayant son siège principal en Irlande, la Cour de Chancellerie d'Irlande ; dans tous les cas de Compagnies enregistrées ou ayant leur siège principal en Ecosse, la Cour de Session, en l'une ou l'autre de ses chambres ;

Le mot « *registrar* » désigne le fonctionnaire qui enregistre les Compagnies par actions (*joint stock Companies*) en Angleterre et en Écosse, et celui qui enregistre les Compagnies anonymes en Irlande *(assistant registrar).*

Dépôt.

3. Toute Compagnie établie dans le Royaume-Uni après la promulgation de la présente loi, et toute Compagnie établie ou ayant le projet de s'établir hors du Royaume-Uni, qui après la promulgation de la présente loi, commencera des opérations d'assurances sur la vie dans le Royaume-Uni, sera tenue de déposer la somme de vingt mille livres sterling (cinq cent mille francs), entre les mains du comptable général de la Cour de Chancellerie, pour être placée en l'une des valeurs ordinairement acceptées par la Cour pour le placement des fonds qui de temps à autre sont confiés à son administration, la Compagnie choisissant la valeur particulière sur laquelle elle désire que le placement ait lieu, et recevant le revenu y attaché. Le *registrar* ne délivrera pas de certificat d'incorporation à moins que le dépôt de ladite somme n'ait été effectué, et le comptable général rendra ledit dépôt à la Compagnie aussitôt que les fonds d'assurances sur la vie, provenant des primes accumulées, auront atteint quarante mille livres sterling (un million de francs).

Fonds séparés pour les Assurances sur la Vie.

4. Dans le cas où une Compagnie, établie après la promulgation de la présente loi, ferait d'autres opérations que celles d'assurances sur la vie, il sera tenu séparément un compte de toutes ses recettes concernant les contrats d'assurances sur la vie et de rentes viagères, et lesdites recettes seront réunies pour former un fonds distinct, qui sera appelé le fonds d'assurances sur la vie de cette Compagnie, et ledit fonds sera absolument la garantie des porteurs de polices d'assurances sur la vie ou de rentes viagères, comme s'il appartenait à une Compagnie ne faisant pas d'autres affaires que celles d'assurances sur la vie; et ce même fonds ne pourra pas garantir les autres contrats de la Compagnie, pour lesquels il n'eût pas été engagé si les affaires de la Compagnie avaient été simplement celles d'assurances sur la vie; et à l'égard de toutes Compagnies existantes, l'exemption du fonds d'assurances sur la vie de tout engagement pour d'autres obligations que celles qui concernent les porteurs de polices d'assurances sur la vie, ne s'appliquera qu'aux contrats passés après la promulgation de la présente loi, à moins que par les statuts de cette Compagnie, une telle exemption n'existe déjà. Il est toujours entendu que cet article ne s'appliquera pas aux contrats faits par toute Compagnie existante, d'après les statuts de laquelle tous les profits des opérations sont payés exclusivement aux porteurs de polices d'assurances sur la vie, contrats à l'égard desquels la responsabilité de l'assuré apparaît distinctement.

Relevés qui doivent être faits par les Compagnies.

5. Depuis et après la promulgation de la présente loi, chaque Compagnie devra, à l'expiration de chacune de ses années financières, préparer un relevé de son compte de revenus pour cette année, ainsi que son bilan arrêté à la fin de cette même année, dans la forme représentée par le premier et le second modèle joints au présent acte.

Relevé à faire par les Compagnies faisant d'autres affaires que l'Assurance sur la Vie.

6. Toute Compagnie qui, concurremment avec l'émission de polices d'assurances sur la vie ou de polices de rentes viagères, se livrera à un autre genre d'assurances ou d'affaires, devra, à l'expiration de chaque année financière, comme il est dit ci-dessus, préparer un relevé de son compte de recettes pour ladite année et de son bilan pour cette même année dans la forme représentée par les troisième et quatrième modèles joints au présent acte.

Rapport de l'Actuary et extrait.

7. Chaque Compagnie devra, une fois tous les cinq ans, si elle s'est établie après la promulgation de la présente loi, et une fois tous les dix ans, si elle était établie avant la promulgation de la présente loi, ou à des intervalles plus rapprochés si cela est prescrit par son acte de constitution, ou par ses règlements ou statuts, faire faire une vérification de sa situation financière par un « *actuary* » et faire établir un extrait du rapport dudit *actuary* dans la forme prescrite au cinquième modèle joint au présent acte.

Relevé des opérations d'Assurances sur la Vie et d'annuités viagères.

8. Chaque Compagnie devra, le ou avant le 31 décembre 1872, et ensuite neuf mois après la date de chaque vérification de sa situation financière, comme il est dit ci-dessus, établir un relevé de ses opérations d'assurances sur la vie et de rentes viagères dans la forme indiquée au sixième modèle joint au présent acte, chacun de ses relevés devant être arrêté à la date de la dernière vérification, soit que cette vérification ait été faite antérieurement ou postérieurement à la promulgation de la présente loi :

Prescrivant comme suit:

(1). Si la prochaine vérification financière (inventaire) d'une Compagnie après la promulgation de la présente loi, tombe dans l'année 1873, ledit relevé de cette Compagnie sera établi dans les neuf mois qui suivront la date de la vérification, au lieu de l'être le ou avant le 31 décembre 1872.

(2). Si la vérification en question est faite annuellement par certaines Compagnies, elles établiront leurs relevés de situation à l'époque qui leur conviendra, de manière qu'il soit fait au moins une fois tous les trois ans.

L'expression *date de chaque vérification*, dont il est question dans cet article, signifiera la date à laquelle les comptes de chaque Compagnie sont arrêtés en vue de chacune de ses vérifications.

Les Modèles pourront être modifiés.

9. Le ministère du commerce (*board of trade*), sur la demande ou du consentement d'une Compagnie, pourra modifier la forme des modèles joints au présent acte, afin de les adapter au caractère particulier de cette Compagnie, ou afin de mieux remplir le but que se propose la présente loi.

Les Relevés, etc., doivent être signés, imprimés, et déposés au ministère du commerce.

10. Chaque relevé ou extrait, qui doit être fait comme il est dit ci-dessus, sera signé par le Président et par deux Administrateurs de la Compagnie, ainsi que par le principal employé dirigeant les affaires d'assurances sur la vie, et, si la Compagnie a un administrateur gérant, par cet administrateur; ce relevé sera imprimé, et l'original, signé comme il est dit ci-dessus, ainsi que trois copies imprimées conformes, seront déposés au ministère du commerce dans les neuf mois des dates ci-dessus prescrites auxquelles ils auront été établis. Chaque relevé annuel, ainsi déposé après la prochaine vérification, sera accompagné d'une copie imprimée de l'extrait exigé par l'article 7.

La Copie des Relevés, etc., doit être envoyée aux Actionnaires.

11. Un exemplaire imprimé du dernier relevé déposé, de l'extrait, ou de tout autre document que le présent acte ordonne d'imprimer, sera envoyé par la Compagnie, par la poste ou autrement, sur sa demande, à tout actionnaire ou porteur de police de la Compagnie.

Liste des Actionnaires.

12. Chaque Compagnie qui n'est pas enregistrée suivant « la loi de 1862 sur les Compagnies, » et qui n'a pas inséré dans son acte de constitution l'article 10 de « la loi de 1845 sur l'homologation des statuts des Compagnies, » tiendra un registre des adresses de ses actionnaires, conformément aux prescriptions de cet article, et délivrera, sur sa demande, à chaque actionnaire ou porteur de police de la Compagnie, une copie dudit registre moyennant payement d'une somme n'excédant pas 6 pence pour chaque centaine de mots qu'elle serait requise de copier.

L'Acte de Constitution doit être imprimé.

13. Chaque Compagnie qui n'est pas enregistrée suivant « la loi de 1862 sur les Compagnies » fera imprimer un nombre suffisant d'exemplaires de son acte de constitution, et délivrera, sur sa demande, à chaque actionnaire ou porteur de police de la Compagnie, un exemplaire dudit acte de constitution, contre payement d'une somme n'excédant pas 2 shillings 6 pence.

Fusion ou Cession.

14. Dans le cas où on aurait l'intention de fusionner deux ou plusieurs Compagnies, ou de céder les affaires d'assurances sur la vie d'une Compagnie à une autre, les administrateurs de l'une ou de plusieurs desdites Compagnies devront demander à la Cour, par voie de requête, de sanctionner l'arrangement proposé, avis de ladite demande étant publié dans *la Gazette*, et la Cour, après avoir entendu les administrateurs et toutes personnes qu'elle croirait bon d'entendre à cette occasion, confirmera ledit arrangement s'il est prouvé qu'il n'y a pas d'objection valable à ce qu'il soit admis.

Avant qu'une telle demande soit adressée à la Cour, un exposé de la nature de cette fusion ou de ce transfert, suivant le cas, en même temps un extrait contenant les faits matériels énoncés dans le traité par lequel on propose d'effectuer cette fusion ou ce transfert, en outre, les copies des rapports des *actuaries* ou autres rapports sur lesquels s'appuie ce traité, seront envoyés à chaque porteur de police des unes et des autres Compagnies dans le cas de fusion, ou à chaque porteur de police de la compagnie transférée dans le cas de transfert, cet envoi étant fait dans la forme prévue par l'art. 136 de la loi de 1845 sur l'homologation des statuts des Compagnies, touchant la transmission aux actionnaires des avis qu'il n'est pas prescrit d'envoyer personnellement ; et le traité en vertu duquel cette fusion ou ce transfert sera fait, sera tenu à la disposition des porteurs de police et des actionnaires dans les bureaux de la Compagnie ou des Compagnies pendant une période de quinze jours, à partir de la publication de l'extrait ci-dessus prescrit.

La Cour ne sanctionnera aucune fusion ou transfert dans le cas où elle reconnaîtra que les porteurs de polices représentant le dixième ou davantage du total des capitaux assurés dans la Compagnie qu'il est question de fusionner avec une autre, ou dans une Compagnie dont on propose de céder les affaires à une autre, sont opposés à la fusion ou au transfert.

Aucune Compagnie ne fusionnera avec une autre, ou ne cédera ses affaires à une autre ; si la fusion ou le transfert n'est confirmé par la Cour suivant les prescriptions du présent article.

Il est toujours entendu que le présent article ne sera pas applicable aux cas dans lesquels les affaires de la Compagnie qui doit fusionner ou dont il s'agit de céder les affaires à une autre, n'embrassent pas les contrats d'assurances sur la vie.

États de situation en cas de Fusion ou de Transfert.

15. Quand une fusion a lieu entre des Compagnies, ou quand les affaires d'une Compagnie sont cédées à une autre, les Compagnies fusionnées ou la Compagnie cessionnaire, suivant le cas, devront, dans les dix jours de la date de l'accomplissement de cette fusion ou de ce transfert, déposer au ministère du commerce des copies certifiées de la situation active et passive des Compagnies qui sont engagées dans cette fusion ou dans ce transfert, en même temps qu'un exposé des conditions de cette fusion ou de ce transfert, et une copie certifiée du traité par lequel cette fusion ou ce transfert est établi, ainsi que des copies certifiées des rapports des *actuaries* ou d'autres rapports sur lesquels s'appuie ledit traité ; le traité de fusion ou transfert sera accompagné d'une déclaration écrite par le président et de même par le directeur de chaque Compagnie, portant qu'ils ont la conviction que tout payement fait ou à faire, à quelque personne que ce soit, pour le compte des Compagnies qui fusionnent ou transfèrent leurs affaires, a été fidèlement inscrit, et qu'aucun autre payement, en dehors de ceux qui sont inscrits, n'a été fait ou ne reste à faire, soit en argent, polices, bons, titres ou autres valeurs, à la connaissance d'aucune des parties qui figurent dans la fusion ou dans le transfert.

Envoi des Documents par le Ministère du commerce au Bureau des Compagnies anonymes.

16. Le ministère du commerce enverra tout imprimé ou autre document prescrit par la présente loi, ou les copies certifiées conformes, au chef de bureau (*registrar*) des Compagnies anonymes ou à tel autre employé du ministère du commerce, qui les conservera; et toute personne pourra, moyennant payement de telle taxe que le ministère fixera, examiner lesdits documents dans ce bureau, et s'en procurer des copies conformes.

Documents qui font foi en Justice.

17. Tout inventaire, compte rendu, extrait, ou tout autre document déposé au ministère du commerce ou entre les mains du chef du bureau (*registrar*) des Compagnies anonymes, conformément à la présente loi, feront foi en justice; et tout document qui doit être certifié par un des secrétaires ou commis-secrétaires du ministère du commerce ou par ledit *registrar*, pour être déposé comme document, et tout document qui doit être semblablement certifié comme une copie dudit document déposé, seront, s'ils sont produits hors de la garde du ministère du commerce ou dudit *registrar*, considérés comme s'ils étaient des documents déposés, comme il est dit ci-dessus, ou leurs copies conformes, et ils feront foi en justice comme s'ils étaient des documents originaux, à moins qu'il ne soit prouvé qu'il y a une différence entre eux et les originaux.

Pénalités pour Infraction à la loi.

18. Toute Compagnie qui négligera de se conformer aux prescriptions de la présente loi sera passible d'une amende qui n'excédera pas cinquante livres sterling par chacun des jours pendant lesquels l'infraction continuera; et si l'infraction continue pendant une période de trois mois après la signification faite à ce sujet par le ministère du commerce, laquelle signification sera publiée dans un ou plusieurs journaux, suivant que le ministère en décidera, la Cour pourra ordonner la liquidation de la Compagnie, conformément à la loi de 1862 sur les Compagnies, sur la demande de un ou plusieurs des assurés ou actionnaires.

Pénalités pour Falsification de Documents, etc.

19. Si un inventaire, compte rendu, extrait ou autre document prescrit par la présente loi, est volontairement falsifié en quelque détail par une personne qui l'aurait signé, cette personne sera passible d'une amende et d'un emprisonnement s'il y a condamnation en assises, ou en cas de condamnation sur procédure sommaire, passible d'une amende n'excédant pas cinquante livres sterling (douze cent cinquante francs).

Application des Pénalités et recouvrement des Amendes.

20. Toute pénalité ou amende prescrite par la présente loi sera appliquée ou recouvrée conformément aux dispositions de la loi de 1862 concernant les Compagnies.

Autres circonstances dans lesquelles une Compagnie peut être mise en liquidation par la Cour des faillites (Court of Chancery).

21. La Cour peut ordonner la liquidation d'une Compagnie, conformément à la loi de 1862 concernant les Compagnies, sur la demande de un ou plusieurs porteurs de police ou actionnaires, s'il est suffisamment prouvé que cette Compagnie est insolvable; et pour déterminer si cette Compagnie est ou n'est pas insolvable, la Cour tiendra compte des dettes prospectives et des engagements éventuels qui ressortent de ses polices, rentes viagères et autres contrats existants; mais la Cour ne donnera pas suite à la demande de liquidation avant qu'il n'ait été fourni une garantie pour les frais, que le juge fixera à la somme qu'il trouvera raisonnable; préalablement aussi il faudra que, à première vue (*prima facie*), la demande apparaisse bien fondée au juge; et s'il s'agit d'une Compagnie *propriétaire*, ayant tout ou partie de son capital non appelé et dont le montant, joint aux primes futures que la Compagnie doit recevoir, formerait un total égal à la somme présumée du passif, la Cour suspendra les poursuites pendant un temps raisonnable· (à la discrétion de la Cour), pour permettre d'appeler le capital qui n'a pas été appelé, ou une partie suffisante de ce capital : et si, à l'expiration du délai ou de la prolongation de délai pendant lequel les poursuites ont été suspendues, l'appel de fonds n'a pas produit une somme qui, ajoutée à l'actif existant, fasse un montant égal au passif, ordre sera donné de suivre sur la demande, comme s'il était bien prouvé que la Compagnie est insolvable.

Pouvoir de la Cour de réduire les Contrats.

22. La Cour, dans le cas où il serait prouvé qu'une Compagnie est insolvable, peut, si elle le trouve juste, réduire le montant des contrats de la Compagnie en tels termes et à telles conditions qu'elle jugera équitables, au lieu d'ordonner une liquidation.

Avis dont l'envoi aux Porteurs de Polices est prescrit par la présente Loi.

23. Les avis qui, suivant les prescriptions de la loi, doivent être envoyés aux porteurs de polices, peuvent être adressés et envoyés à la personne à laquelle les avis concernant la police sont envoyés d'habitude, et tout avis ainsi adressé et envoyé, sera considéré valablement donné au porteur de la police.

Les Comptes rendus, etc., doivent être soumis au Parlement.

24. Le ministère du commerce soumettra chaque année au Parlement les comptes rendus et extraits des rapports déposés, conformément à la présente loi, dans le courant de l'année précédente.

Exceptions.

25. La présente loi ne concerne pas les commissaires pour la réduction de la dette nationale, ni le directeur général des postes, agissant en vertu des pouvoirs dont ils sont respectivement investis par les lois : de la 10ᵉ année de George IV, chapitre XLI; de la 3ᵉ et 4ᵉ années de Guillaume IV, chapitre XIV, des 16ᵉ et 17ᵉ années de Victoria, chapitre XLV et 27ᵉ et 28ᵉ années de Victoria, chapitre XLIII.

PREMIER MODÈLE.

Comptes de Recettes et Dépenses pour l'année finissant le _______________

<table>
<tr><td>18..
DATE.</td><td>Montant des fonds de réserve au commencement de l'année.............................
Primes...
Capitaux reçus pour les rentes viagères.......
Intérêts et Dividendes.........................
Autres recettes (les comptes doivent être spécifiés) ....</td><td></td><td>18..
DATE.</td><td>Sommes payées en exécution des polices (déduction faite des sommes réassurées)........
Rachats de polices............................
Rentes viagères..............................
Commissions.................................
Frais d'administration.......................
Dividendes et bénéfices (s'il y en a) aux actionnaires......................................
Autres payements (les comptes doivent être spécifiés) ....
Montant des fonds de réserve, à la fin de l'année, suivant le 2e modèle...............</td><td></td></tr>
</table>

NOTA. Les Compagnies qui ont des comptes séparés pour les rentes viagères doivent établir le détail de leurs affaires de rentes viagères par un compte séparé.
— Les articles de ce compte et ceux des 3e et 5e modèles doivent être des montants nets, déduction faite de ce qui est payé ou reçu pour les réassurances.

SECOND MODÈLE

Balance des écritures au ___________________

PASSIF.	£ s. d.	ACTIF	£. s. d.

Capital versé par les actionnaires (s'il y en a)................
 Fonds de réserve des assurances.........................
 Fonds de réserve des rentes viagères (s'il y en a)...........
 Autres fonds de réserve (les désigner s'il y en a)...........
 Total des fonds, comme au premier modèle................
 Sommes exigibles mais non payées*......................
 Autres sommes dues par la Compagnie* (les comptes doivent être spécifiés) ....
		Hypothèques sur propriétés situées dans le Royaume-Uni....
		 d° sur propriétés hors du Royaume-Uni..........
		 Prêts sur polices de la Compagnie ....
		 Placements :
		   En fonds du gouvernement anglais......................
		   d° d° de l'Inde et des colonies......
		   En fonds d'État étrangers..........................
		   En obligations de chemins de fer et autres Compagnies et obligations consolidées............................
		   En actions de chemins de fer privilégiées ou ordinaires..
		   En immeubles...................................
		   Autres placements (les spécifier).......................
		 Prêts sur garanties personnelles........................
		 Solde des comptes des agents...........................
		 Primes à recouvrer..................................
		 Intérêts échus et à recevoir. ....
		 Argent :
		   En dépôt......................................
		   En caisse et en compte courant...............
		
		 Autres valeurs appartenant à la Compagnie (les désigner)...	

* Ces articles sont compris dans les articles correspondants au 1ᵉʳ modèle.

TROISIÈME MODÈLE

Compte de Recettes et Dépenses pour l'année finissant le _______________

N° 1. — COMPTE D'ASSURANCES SUR LA VIE.

(DATE.)			(DATE.)		
	Montant du fonds de réserve des assurances sur la vie au commencement de l'année............			Sommes payées en exécution des polices d'assurances sur la vie (déduction faite des sommes réassurées)..	
	Primes encaissées, déduction faite des primes de réassurances............			Rachats de polices............	
	Capitaux reçus pour rentes viagères............			Rentes viagères payées............	
	Intérêts et dividendes reçus............			Commissions............	
	Autres recettes (spécifier les comptes)............			Frais d'administration............	
				Autres payements effectués (les spécifier)............	
				Montant du fonds de réserve des assurances sur la vie à la fin de l'année, comme au quatrième modèle..	

NOTA. — Les Compagnies qui ont des comptes séparés pour les rentes viagères doivent faire un relevé spécial pour le détail de ces opérations.

N° 2. — COMPTE D'ASSURANCES CONTRE L'INCENDIE.

	Montant du fonds de réserve des assurances contre l'incendie au commencement de l'année............			Sinistres, déduction faite des réassurances............	
	Primes reçues, déduction faite des réassurances.....			Frais d'administration............	
	Autres recettes (les spécifier)............			Commissions............	
				Autres payements (les spécifier):............	
				Montant du fonds de réserve des assurances contre l'incendie à la fin de l'année, comme au quatrième modèle............	

NOTA. — Lorsque la Compagnie fait des assurances maritimes ou autres, les revenus et les dépenses afférents à chaque branche d'affaire, devront être indiqués séparément et dans la forme ci-dessus.

N° 3. — COMPTE DE PROFITS ET PERTES.

	Balance des comptes de l'année précédente.........			Dividendes et bénéfices aux actionnaires............	
	Intérêts et dividendes non portés à d'autres comptes.			Dépenses non portées à d'autres comptes............	
	Profits réalisés (à spécifier)............			Pertes éprouvées (à spécifier)............	
	Autres recettes............			Autres payements,............	
				Balance comme au quatrième modèle............	

NOTA. — Ce dernier compte n'est pas obligatoire, si les articles figurent dans les autres comptes indiqués au présent modèle.

QUATRIÈME MODÈLE

Balance des écritures arrêtée le ________________

PASSIF	ACTIF
Capital versé par les actionnaires........................	Hypothèques sur propriétés foncières situées dans le Royaume-Uni..
Fonds de la réserve générale (s'il y en a)..............	Hypothèques sur propriétés foncières hors du Royaume-Uni..
Fonds de réserve des assurances sur la vie.............	Prêts sur polices de la Compagnie........................
Fonds de réserve des rentes viagères* (s'il y en a).........	Placements:
Fonds de réserve des assurances contre l'incendie...........	En fonds du gouvernement anglais...................
Fonds de réserve des assurances maritimes................	d° d° de l'Inde et des colonies......
Profits et pertes (s'il y en a).........................	d° d'État étrangers......................
Autres fonds (s'il y en a. les spécifier).............	Obligations de chemins de fer et autres Compagnies......
Sommes exigibles sur polices d'assurances sur la vie, mais non encore payées*.....................	Actions de chemins de fer (privilégiées ou ordinaires) .....
Sinistres d'incendie à régler....................	Immeubles................................
Sinistres maritimes à régler....................	Autres placements (les spécifier).........................
Autres sommes dues par la Compagnie (les comptes doivent être spécifiés)...............	Prêts sur garanties personnelles.........................
	Solde des comptes des agents............................
	Primes à recouvrer......................................
	Intérêts échus et à recevoir............................
	Argent :
	En dépôt................................
	En caisse et en compte courant............
	Autres valeurs (les spécifier)............................

* Si le fonds de réserve des assurances sur la vie constitue, conformément à l'art. 4 de la présente loi, un fonds véritablement séparé pour être affecté à la garantie exclusive des assurés, une balance spéciale pour la branche des assurances sur la vie sera établie suivant le second modèle. Sous les autres rapports, la Compagnie se conformera au modèle ci-dessus. Voir aussi la note du second modèle.

CINQUIÈME MODÈLE.

———

*Rapport à faire par l'*ACTUARY *concernant l'évaluation des engagements pris par la Compagnie d'après ses polices d'assurances sur la vie et ses contrats de rentes viagères.*

(Les réponses devront être numérotées comme les questions correspondantes.)

Indiquer :

1. La date à laquelle l'évaluation doit être faite.

2. Les bases d'après lesquelles se font l'évaluation des polices et la répartition des bénéfices aux assurés ; — indiquer si ces bases ont été fixées par l'acte de société, par les statuts de la Compagnie, par ses règlements ultérieurs, ou autrement.

3. La table ou les tables de mortalité dont on s'est servi pour l'évaluation.

4. Le taux et les taux d'intérêts adoptés dans les calculs.

5. La proportion de la recette annuelle de primes, s'il y en a une, mise en réserve comme provision pour les dépenses à faire et les bénéfices à distribuer dans l'avenir. (S'il n'y en a pas, exposer comment se fait cette provision.)

6. Le compte des recettes et dépenses depuis le dernier inventaire, ou, s'il s'agit d'une Compagnie qui ne fait aucune évaluation, depuis le commencement de ses opérations. (Ce relevé doit être fait conformément au type ci-joint.)

7. Les engagements de la Compagnie par polices d'assurances sur la vie et contrats de rentes viagères, à la date de l'inventaire, en spécifiant le nombre des polices, le montant des sommes assurées et le montant des primes payables chaque année pour chaque catégorie de contrats, que ce soit avec ou sans participation dans les bénéfices ; et aussi le montant net du passif et de l'actif de la Compagnie, avec le chiffre de l'excédant ou du déficit. (Ces relevés doivent être faits conformément au type ci-joint.)

8. Le laps de temps durant lequel une police doit être en vigueur pour avoir droit à une part dans les bénéfices.

9. Les résultats de cet inventaire donnant :

   (1) Le total des bénéfices réalisés par la Compagnie ;

   (2) Le montant des bénéfices répartis aux assurés, ainsi que le nombre et le montant des polices comprises dans cette répartition.

   (3) Exemples des bénéfices attribués à des polices de 100 £. souscrites aux âges de 20, 30, 40 et 50 ans, et ayant été en vigueur respectivement pendant 5 ans, 10 ans, et ainsi de suite, par intervalles de 5 ans, en spécifiant le chiffre des bénéfices répartis suivant chaque mode de participation.

Type du compte mentionné au N° 6 du cinquième modèle.

Compte de recettes et dépenses __________________ *pendant* _______ *années*
commençant le __________________ *et finissant le* __________________

Montant des fonds de réserve à la date du commencement de la période..........................	Sommes payées en exécution des polices (déduction faite des sommes réassurées)..........................
Primes (déduction faite des primes payées pour réassurance)..........................	Rachats de contrats..........................
Capitaux reçus pour constituer des rentes viagères.....	Rentes viagères..........................
Intérêts et dividendes..........................	Commissions..........................
Autres recettes (à spécifier)..........................	Frais d'administration..........................
	Dividendes et bénéfices (s'il y en a) aux actionnaires.
	Autres payements effectués (spécifier les comptes).......
	Montant des fonds de réserve à la date du (fin de la période), conformément au premier ou au troisième modèle..........................

Type du compte mentionné au N° 7 du cinquième modèle.

Inventaire et évaluation des polices _____________ *à la date du* _____________

DÉSIGNATION DES OPÉRATIONS.	INDICATIONS POUR L'ÉVALUATION DES POLICES.				ÉVALUATION D'APRÈS LA TABLE DE INTÉRÊT P. 100			
	NOMBRE des polices.	SOMMES assurées et avenants bénéficiaires	PRIMES annuelles du tarif.	PRIMES annuelles nettes, si elles sont déterminées	SOMMES assurées et avenants bénéficiaires	PRIMES annuelles du tarif.	PRIMES annuelles nettes, si elles sont calculées.	MONTANT net des engagements.
Assurances.								
I. — *Avec participation dans les bénéfices.*								
Pour la vie entière...........................								
Autres catégories (spécifier)..................								
Surprimes à payer............................								
Total des assurances avec participation dans les bénéfices.................								
II. — *Sans participation dans les bénéfices.*								
Pour la vie entière...........................								
Autres catégories (spécifier)..................								
Surprimes à payer............................								
Total des assurances sans participation dans les bénéfices.................								
Total des assurances.................								
Réassurances à déduire.................								
Montant net des assurances...........								
Rectification (s'il y a lieu)...........								
Rentes viagères.								
Immédiates................................								
Autres catégories (spécifier).................								
Total des résultats.................								

L'expression surprime (*extrapremium*), employée dans la présente loi, signifie la somme à payer en plus pour un risque qui n'aurait pas été couvert par la prime *minima* stipulée dans le contrat. Si les polices sont souscrites dans ou pour un pays quelconque suivant un tarif basé sur des tables de mortalité autres que celles d'Europe qui sont adoptées par la Compagnie, on devra dresser des tableaux séparés semblables pour la forme au modèle ci-dessus.

Type du compte mentionné au N° 7 du cinquième modèle.

Bilan résultant de l'inventaire _________ *arrêté le* _________

DOIT		AVOIR	
Montant net des engagements de la Compagnie pour les polices d'assurances sur la vie et les contrats de rentes viagères (conformément au relevé sommaire prescrit dans le cinquième modèle)........................ Excédant (s'il y en a)...............................		Fonds de réserve des assurances sur la vie et des rentes viagères (suivant les balances d'écritures conformes aux modèles 2 ou 4).............................. Déficit (s'il y en a).................................	

SIXIÈME MODÈLE.

*Compte rendu des opérations d'assurances sur la vie et de rentes viagères
de la Compagnie _________ au _________ 18...*

Les réponses doivent être numérotées comme les questions correspondantes. On doit
fournir les comptes des réassurances correspondant à ceux des assurances, en se conformant aux articles. 2, 3, 4, 5 et 6.)

Indiquer :

1. Le tarif ou les tarifs publiés des primes d'assurances pour la vie entière en vigueur à
la date ci-dessus indiquée.

2. Le total, à la date ci-dessus, des sommes assurées pour la vie entière, en distinguant
celles qui sont faites avec participation dans les bénéfices de celles qui sont faites sans
participation, donnant aussi séparément le total des augmentations de capitaux assurés
provenant des bénéfices et spécifiant les sommes assurées à chaque âge, depuis le plus
jeune jusqu'au plus avancé.

3. Le montant des primes à recevoir chaque année pour les assurances, à tel ou tel âge,
en tenant compte des réductions produites par l'application des bénéfices pour les
assurances respectivement indiquées au n° 2, en ayant soin de distinguer les primes
ordinaires des surprimes.

4. Le montant total des sommes assurées dans les diverses catégories de contrats autres
que ceux pour la vie entière, en distinguant les sommes assurées dans chaque catégorie, et en donnant séparément le montant des sommes assurées avec ou sans participation, ainsi que le total des augmentations de capitaux assurés produites par les
bénéfices.

5. Le montant des primes à recevoir chaque année, pour chaque catégorie de contrats dési-
gnés au n° 4, en distinguant les primes ordinaires des surprimes.

6. Le montant total des primes qui ont été encaissées depuis le commencement des opérations pour toutes les polices de chaque catégorie mentionnée au n° 4 et qui sont en
vigueur à la date ci-dessus indiquée.

7. Le montant total des rentes viagères immédiates, en donnant le chiffre pour chaque
âge.

8. Le montant de toutes les rentes autres que celles mentionnées au n° 7, en distinguant
les chiffres pour chaque catégorie de rentes, le montant des primes à recevoir chaque
année, le montant des capitaux versés pour chacune de ces catégories, et le montant
des primes reçues depuis l'origine pour toutes les rentes différées.

9. Le taux moyen d'intérêt auquel les capitaux en réserve pour les assurances sur la vie
ont été placés à la fin de chaque année pendant la période qui s'est écoulée depuis le
dernier inventaire de la Compagnie.

10. Le tarif, s'il y en a un, indiquant le prix minimum du rachat des polices d'assurances
pour la vie entière et d'assurances mixtes, ou un exposé de la méthode suivie pour
calculer la valeur des polices rachetées, avec des exemples de son application à des
polices ayant différentes durées et se rapportant à des âges variés, depuis le plus jeune
jusqu'au plus avancé.

On devra fournir des relevés séparés pour les opérations conclues à des taux autres que
ceux usités en Europe, et présenter un exposé des conditions auxquelles ont été souscrites
les polices d'assurances sur la vie de personnes qui ne se trouvaient pas alors dans un
état normal de santé.

Amendement à la loi de 1870 concernant les Compagnies d'assurances sur la vie (24 juillet 1871).

Attendu que par l'article 3 de la loi de 1870, sur les Compagnies d'assurances sur la vie, une somme d'argent doit, dans certain cas, être déposée entre les mains du comptable général de la cour de chancellerie, pour être placée et remboursée par lui de la façon indiquée dans cette loi, et qu'il est expédient de prendre des dispositions supplémentaires en ce qui concerne le dépôt, le placement et le remboursement des sommes.

En conséquence SA TRÈS-EXCELLENTE MAJESTÉ LA REINE, avec et suivant l'avis et le consentement des lords spirituels et temporels et des communes, réunis dans le présent Parlement et par l'autorité desdits, a ordonné ce qui suit :

1° — Chaque somme qui en vertu de la loi de 1870, concernant les Compagnies d'assurances sur la vie, doit être déposée entre les mains du comptable général de la Cour de Chancellerie, sera versée à la Cour de Chancellerie, et les règlements en ce qui concerne le payement de ces sommes à faire à ou par la Cour de Chancellerie, le placement et le remboursement de ces sommes, le payement de leurs intérêts, pourront, de temps à autre, être faits, modifiés, révoqués par la même autorité et de la même manière que les règlements concernant d'autres payements à faire à ou par la Cour de Chancellerie, le placement d'autre argent, l'emploi des intérets et des dividendes de ces sommes.

2° — L'article 25 de la loi de 1870 concernant les Compagnies d'assurances sur la vie, sera interprété comme si les mots «chapitre 24» avaient été à la date et depuis la date de la promulgation de la loi sus mentionnée, inscrits dans cette loi au lieu et place des mots «chapitre 41 «, et l'imprimeur de Sa Majesté la Reine, dans tous les exemplaires de la loi de 1870 concernant les Compagnies d'assurances sur la vie, qui pourront être imprimés après la promulgation de la présente loi, devra insérer les mots «chapitre 24 » au lieu et place des mots « chapitre 41 » dans l'article 25 de la loi de 1870 concernant les Compagnies d'assurances sur la vie.

3° — La présente loi sera considérée comme formant une seule et même loi avec celle de 1870 concernant les Compagnies d'assurances sur la vie, et cette dernière loi ainsi que la présente loi, porteront le titre de «Lois de 1870 et 1871 » concernant les Compagnies d'assurances sur la vie, et la présente loi portera le titre de la « loi de 1871 concernant les Compagnies d'assurances sur la vie. »

Amendement aux lois de 1870 et 1871 concernant les Compagnies d'assurances sur la vie (6 août 1872).

SA TRÈS-EXCELLENTE MAJESTÉ LA REINE, avec et suivant l'avis et le consentement des lords spirituels et temporels et des communes réunis dans le présent Parlement, et par l'autorité desdits, a ordonné ce qui suit:

1. — Attendu qu'en vertu des dispositions des lois de 1870 et 1871 concernant les Compagnies d'assurances sur la vie, une Compagnie d'assurances sur la vie est obligée de verser une somme d'argent à la Cour de Chancellerie sous forme de dépôt et que le certificat d'incorporation de cette Compagnie ne doit pas être délivré sans que le dépôt ait été effectué, et que ce dépôt doit être remboursé aussitôt que son fonds d'assurances s'élève à la somme fixée par ces lois ; que des doutes se sont élevés sur l'interprétation desdites dispositions, qu'il est nécessaire de lever ces doutes ; en conséquence il est ordonné ce qui suit :

Le dépôt peut être fait par les signataires du projet d'association de la Compagnie ou par l'un d'eux au nom de la Compagnie projetée, et ce dépôt, après l'incorporation de la Compagnie, sera considéré comme ayant été fait par l'actif et comme faisant partie de l'actif de la Compagnie.

Ce dépôt, jusqu'à ce qu'il soit remboursé à la Compagnie, sera considéré comme faisant partie du fonds d'assurances de la Compagnie et soumis, en conséquence, aux prescriptions de l'article 4 de la loi de 1870, concernant les Compagnies d'assurances sur la vie.

Le tribunal de commerce pourra, de temps à autre, faire, ou une fois qu'ils auront été faits, abroger, modifier ou compléter les règlements relatifs au payement et au remboursement dudit dépôt, au placement ou à l'emploi de ce dépôt, au dépôt des valeurs ou des garanties au lieu d'argent, au payement des intérêts ou dividendes à effectuer de temps à autre résultant des placements, des valeurs ou des garanties affectés au dépôt. Tous les règlements faits en vertu de cet article sortiront leur effet comme s'ils avaient été édictés par la présente loi, et seront déposés devant le Parlement dans les trois semaines qui suivront l'ouverture de la prochaine session du Parlement.

2. — Attendu que dans l'article 4 de la loi de 1870, concernant les Compagnies d'assurances sur la vie, il est ordonné que « dans le cas où une Compagnie établie après la promul- » gation de la présente loi, ferait d'autres opérations que celles d'assurances sur la vie, » il sera tenu séparément un compte de toutes ses recettes concernant les contrats d'assu- » rances sur la vie et de rentes viagères et lesdites recettes seront réunies pour former un » fonds distinct, qui sera appelé le fonds d'assurances sur la vie de cette Compagnie, et que » ledit fonds sera absolument la garantie des porteurs de polices d'assurances sur la vie » ou de rentes viagères, comme s'il appartenait à une Compagnie ne faisant pas d'autres » affaires que celles d'assurances sur la vie, et ce même fonds ne pourra pas garantir les » autres contrats de la Compagnie pour lesquels il n'eût pas été engagé si les affaires de » la Compagnie avaient été simplement celles d'assurances sur la vie, » et que d'autres dispositions sont édictées par le même article concernant l'application aux Compagnies existantes de la partie dudit article rappelée ci-dessus, et que des doutes se sont élevés sur le sens desdites dispositions, et qu'il est nécessaire de dissiper ces doutes, en consé-quence il est ordonné que :

La partie de l'article 4 de la loi de 1870 concernant les Compagnies d'assurances sur la vie, rapportée plus haut, s'appliquera à toute Compagnie établie avant la promulgation de cette loi, mais à la condition que la loi de 1870 concernant les Compagnies d'assurances sur la vie, et la présente loi, ne diminueront pas la garantie du fonds d'assurances sur la vie pour les contrats de la Compagnie réalisés avant la promulgation de la loi de 1870 concernant les Compagnies d'assurance sur la vie.

3. — Attendu que l'art. 10 de la loi de 1870 concernant les Compagnies d'assurances sur la vie, prescrit que « chaque relevé annuel ainsi déposé après la prochaine vérification sera » accompagné d'un exemplaire imprimé de l'extrait exigé par l'article 7, » en conséquence il est ordonné que les mots « prochaine vérification » signifieront la première vérification après que cette loi aura été promulguée.

Le tribunal de commerce déposera devant le Parlement tout état ou extrait de rapport dont le dépôt lui en aura été fait par une Compagnie, ainsi que les documents requis par la loi de 1870 concernant les Compagnies d'assurances sur la vie, alors même qu'il penserait que ces états ou extraits ne sont pas dressés d'après les prescriptions de ladite loi.

4. — Si une Compagnie d'assurances sur la vie a, avant ou après la promulgation de la présente loi, transféré ses affaires ou une partie de ses affaires à une autre Compagnie, en vertu d'un arrangement par suite duquel la première Compagnie — appelée dans cette loi la Compagnie subsidiaire — ou ses créanciers, a ou ont des recours à exercer contre la Compagnie à laquelle le transfert a été fait, — appelée dans cette loi la Compagnie prin-cipale, — si cette Compagnie principale est mise en liquidation par ou sous la surveillance de la Cour, soit avant, soit après la promulgation de la présente loi, la Cour, conformé-ment à ce qui sera dit ci-après, ordonnera la liquidation de la Compagnie subsidiaire con-jointement avec la Compagnie principale et pourra, par la même ordonnance, ou par une ordonnance subséquente, nommer un seul et même liquidateur pour les deux Compagnies et prendre à tous égards la disposition qui lui semblerait nécessaire pour poursuivre la liquidation de ces Compagnies, comme si elles formaient une seule et même Compagnie, et le commencement de la liquidation de la Compagnie principale sera, à moins que la Cour n'en décide autrement, le commencement de la liquidation de la Compagnie subsi-diaire. La Cour, toutefois, en établissant les droits et les engagements respectifs des membres des différentes Compagnies, tiendra compte de la constitution de ces Compagnies et des arrangements intervenus entre elles, de la même façon, ou à peu près, selon que les circonstances le permettront, qu'en ce qui concerne les droits et les engagements des différentes classes d'intéressés lorsqu'il s'agira de la liquidation d'une seule Compagnie.

Si une Compagnie subsidiaire ou une Compagnie dite subsidiaire, n'est pas en état d'être liquidée en même temps que la Compagnie principale dont elle est subsidiaire, la Cour n'ordonnera pas la liquidation de cette Compagnie subsidiaire, à moins que, après avoir entendu toutes les objections, s'il en existe, qui pourront être présentées par ou pour la Compagnie, contre la liquidation, elle soit d'avis que cette Compagnie est subsidiaire de la Compagnie principale et que la liquidation de cette Compagnie subsidiaire concurremment avec la Compagnie principale, est juste et équitable.

Si une Compagnie subsidiaire et une Compagnie principale sont liquidées par différentes chambres de la Cour à laquelle ressortissent les appels des jugements de ces chambres, la Cour rendra une ordonnance par laquelle elle désignera la chambre qui devra poursuivre la liquidation de ces Compagnies, et les mesures nécessaires seront prises pour l'exécution de cette ordonnance.

Une requête peut être adressée à l'effet de demander la liquidation d'une Compagnie subsidiaire concurremment avec la Compagnie principale, par un créancier de l'une ou l'autre de ces Compagnies ou par une personne intéressée dans l'une ou l'autre de ces Compagnies.

Si une Compagnie est considérée comme Compagnie principale ou comme Compagnie subsidiaire par rapport à une autre Compagnie, ou s'il existe plusieurs Compagnies considérées comme Compagnies subsidiaires par rapport à une Compagnie principale, la Cour peut procéder à l'égard de toutes ces Compagnies réunies, ou à l'égard de chacune d'elles séparément, comme elle jugera opportun, en se conformant au principe formulé par cet article.

5. — Si une Compagnie d'assurances sur la vie a été mise en liquidation par la Cour, ou soumise à la surveillance de la Cour, ou si volontairement elle a fait sa liquidation, la valeur de chaque police de rente viagère ou d'assurance sur la vie exigeant d'être évaluée dans la liquidation, sera estimée d'après la règle prescrite par la première cédule de la présente loi, mais cet article ne s'appliquera pas à une Compagnie dont la liquidation aura commencé avant la promulgation de la présente loi, à moins que la Cour, ayant connaissance de cette liquidation, ne l'ordonne, ce à quoi elle est ici autorisée, si elle le juge opportun, à la demande de toute personne intéressée à la liquidation d'une telle Compagnie.

6. — Les règles prescrites dans la première et dans la deuxième cédule de la présente loi, auront la même valeur que si elles avaient été prescrites en exécution des articles 170, 171 et 173 de la loi de 1862 concernant les Compagnies, quel que soit le cas, et peuvent être modifiées d'après la manière indiquée par lesdits articles, et ces règles peuvent être établies en vertu de ces articles, à l'effet de rendre exécutoires les prescriptions de la présente loi en ce qui concerne la liquidation des Compagnies.

7. — Si une Compagnie, soit avant, soit après la promulgation de la présente loi, a transféré ses affaires à une autre Compagnie, ou a fusionné avec une autre Compagnie, aucun assuré de la première Compagnie qui payera à la seconde Compagnie, les primes qu'il devra en vertu de sa police, ne sera, par suite des payements faits après la promulgation de la présente loi, ou par suite de tout autre acte fait après la promulgation de la présente loi, considéré comme ayant abandonné tout recours qu'il aurait eu à exercer contre la Compagnie mentionnée plus haut, après le payement dûment effectué des primes à ladite Compagnie, ou comme ayant accepté au lieu et place de cette Compagnie, les engagements de la seconde Compagnie, à moins qu'un tel abandon ou une telle acceptation n'ait été signifiés par quelque pièce signée de lui, ou par son représentant légalement autorisé à cette fin.

8. — La présente loi sera considérée comme faisant une seule et même loi, avec les lois de 1870 et de 1871 concernant les Compagnies d'assurances sur la vie, et toutes ces lois réunies prendront le titre de « Lois de 1870 à 1872 concernant les Compagnies d'assurances sur la vie, » et la présente loi celui de « Loi de 1872 concernant les Compagnies d'assurances sur la vie. »

PREMIÈRE CÉDULE.

Règle pour évaluer une rente viagère.

Une rente viagère sera évaluée d'après les tables employées par la Compagnie qui a constitué la rente viagère, au moment où la rente a été constituée, et si ces tables ne peuvent être spécifiées ou adoptées à la satisfaction de la Cour, l'évaluation sera faite d'après la table qui porte le titre de » Table d'expérience d'annuités du gouvernement » et les intérêts comptés au taux de 4 p. 100 l'an.

Règle pour évaluer une police.

La valeur d'une police sera la différence entre la valeur actuelle de la réversion de la somme assurée au moment du décès de la vie assurée y compris tous les bénéfices ou toutes les augmentations dont cette somme aurait été bonifiée avant le commencement de la liquidation, et la valeur actuelle des primes annuelles futures.

Dans le calcul des valeurs actuelles, le taux d'intérêt de 4 p. 100 l'an sera employé, et le taux de mortalité dont on se servira sera celui des tables connues sous le nom de « Tables d'expériences des dix-sept Compagnies. »

La prime qui devra être calculée sera une prime qui, calculée d'après les taux d'intérêt et de mortalité ci-dessus, sera suffisante pour faire face aux risques que court la Compagnie en émettant une police, nette de tout chargement pour dépenses d'administration et autres charges.

DEUXIÈME CÉDULE.

Lorsqu'une Compagnie d'assurances devra être liquidée par la Cour ou soumise à la surveillance de la Cour, le liquidateur officiel devra, pour toutes les personnes qui, inscrites sur les livres de la Compagnie, paraîtraient avoir droit à des polices ou avoir un intérêt dans les polices délivrées par ladite Compagnie, pour assurances sur la vie, assurances mixtes, dotales, de capitaux différés, rentes viagères ou autres payements, déterminer la valeur de ces polices et donner avis de cette valeur à ces personnes, et toute personne à aquelle l'avis aura été ainsi adressé, sera liée par la valeur ainsi déterminée, à moins qu'à son tour, elle ne donne avis de son intention de contester cette valeur dans la forme et dans le délai que prescrira un règlement ou une ordonnance de la Cour.

Paris. — Imprimerie Blot et Fils aîné, 7, rue Bleue.

PARIS. — IMPRIMERIE BLOT ET FILS AÎNÉ,

7, rue Bleue, 7.

PARIS. — IMPRIMERIE BLOT ET FILS AINÉ,

7, rue Bleue, 7.

www.ingramcontent.com/pod-product-compliance
Ingram Content Group UK Ltd.
Pitfield, Milton Keynes, MK11 3LW, UK
UKHW021048120726
13693UKWH00006B/2503